J. G. Prizelius

Beschreibung des so bekannten Senner Gestütes in der Grafschaft Lippe

J. G. Prizelius

Beschreibung des so bekannten Senner Gestütes in der Grafschaft Lippe

ISBN/EAN: 9783743348882

Hergestellt in Europa, USA, Kanada, Australien, Japan

Cover: Foto ©ninafisch / pixelio.de

Manufactured and distributed by brebook publishing software (www.brebook.com)

J. G. Prizelius

Beschreibung des so bekannten Senner Gestütes in der Grafschaft Lippe

Beschreibung
des
so bekanten
Senner Gestütes
in
der Grafschaft Lippe

von

J. G. Prizelius
Hochgräfl. Lippischen Hauptman und Stallmeister.

Lemgo
in der Meyerschen Buchhandlung.
1771.

An den Leser!

Der Endzwek dieses kleinen Werkes bestehet weder in der Ehrbegierde, ein Autor zu werden, noch weniger aber in dem Wunsche, mich durch eine gedrukte Schrift verewigt zu sehen; sondern die Hochachtung, die ich theils einigen Gönnern, theils aber meinen Freunden schuldig bin, welche von mir eine wahre Schilderung des so berühmten Senner Gestütes verlangen, ist der Antrieb dieser Unternehmung.

Außer diesem aber wird es vielleicht einem jeden Liebhaber der Pferde und der Reiterey angenehm seyn, seine Kentnis von Gestüten durch diese Beschreibung um etwas zu erweitern, und das Beste zu seinem Vortheile zu nutzen.

Hierbey will ich nicht stehen bleiben, sondern am Ende durch einen

Anhang eine historische Anleitung geben, wie man diese wilden Pferde am leichtesten und besten thätig machen kan, um denenjenigen zu Hülfe zu kommen, welche ein von dieser Race, rohes, ungerittenes und wildes Pferd sich zum Gebrauche tüchtig machen wollen. Und da ich bey der Abrichtung dieser Pferde mich ebenfals der bey den Chur-Hanöverschen Trouppen eingeführten Pilarenarbeit bediene, so will ich meine Gedanken hierüber auch entdecken.

Mein Wunsch hierbey ist, daß ein jeder geneigter Leser in diesem kleinen Werke dasjenige finde, was er darin zu finden verlanget, und solte es nicht seyn, so bin ich erbötig, einem jedweden auf sein besonderes Auffordern und geneigte Anfragen eine schuldige Erläuterung zu geben.

I Abschnit.

I Abschnit.
Von dem Namen und dem Ursprunge des Senner Gestütes.

as Senner Gestüte hat seinen Namen von der zwischen Lipp-springe, Paderborn, Stu-kenbrok und Lopshorn gelegenen großen Heide, welche unter dem Namen der Senne bekant ist.

Das

Da nun diese wilden Pferde, wovon ich rede, größesten Theils ihre Nahrung, zumahl im Winter, von dieser Heide haben, so haben sie den Namen der Senner erhalten.

Die Zeit, in welcher dieses Gestüte seinen Anfang genommen, ist wegen der, im dreißigjährigen Kriege verlohren gegangenen Nachrichten, nicht genau zu bestimmen: daß es aber im funfzehenten Jahrhundert schon in gutem Rufe gewesen, erhellet aus noch vorhanden seyenden Briefen von verschiedenen Fürsten und Grafen, welche in dieser Zeit um Pferde aus diesem Gestüte nachgesuchet, und selbige auch theils gegen Bezahlung, theils aber als Geschenke erhalten haben.

So viel ich von dem Anfange des Gestütes habe Nachricht samlen können, ist er auf folgende Art gemacht.

Man hat zahme und zur Zucht tüchtige Stuten durch die auserlesensten Hengste bedecken, und selbige Winter und Sommer durch

Hir-

Hirten in dem Lippischen Walde und in der Senne hüten und weiden lassen, um sie die Gänge und Oerter zu lehren, wo sie im Sommer gutes Gras, im Winter aber, wenn der Schnee nicht zu tief gefallen, Heide finden und sich ernähren könten. Nach und nach hat man sie ihren eigenen Gängen überlassen, und auf solche Art sind aus zahmen wilde, menschenscheue und furchtsame Pferde geworden. Weil man von dem jungen Anwuchs selten eine Stute abgefangen hat, ist das Gestüte endlich so angewachsen, daß man zwei hundert Stück tragbare Stuten in selbigem gezählet, wie denn auch der gute Ruf dieses Gestütes sich zugleich mit vermehret hat und allgemein geworden ist. Der dreißigjährige Krieg gab diesem Gestüte den ersten Stoß, und richtete es dergestalt zu Grunde, daß nach dessen Ende nur wenig Stuten übrig blieben.

Im Jahre 1655 suchte der damahls regierengierende Herr, Graf Hermann Adolph, das Gestüte wieder in den Stand zu setzen. Er ließ die zum Gestüte erforderliche Gebäude wieder ausbessern und brachte es dahin, daß 1666 schon wieder eine ziemliche Anzahl Stuten vorhanden waren.

1680 wurde unter der Regierung des Herrn Grafen Simon Heinrichs mit der Erweiterung und Verbesserung des Gestütes fortgefahren, und man verlegte die Gebäude näher an die Senne nach Lopshorn, wo zugleich ein ansehnliches Lust- und Jagdhaus erbauet wurde. Der Mangel des Wassers verursachete diesen Gebäuden eine übele Lage; weshalb besagter Herr Graf Simon Heinrich 1684 einen Brunnen von sechzig Fus tief in einen Felsen hauen lies. Durch diesen Brunnen, glaubte man, den Wassermangel gehoben zu haben; allein man merkte im Sommer gar bald, daß sich das Wasser darin verlohr. Es wurde darauf der Entschlus gefasset, den Felsen

sen durchzubrechen und den Brunnen noch einmal so tief zu machen, welches auch geschahe. Auf diese Weise wurde durch Mühe, Kunst und große Kosten dasjenige endlich ersetzet, was die Natur der Gegend versaget hatte.

Dieser Brunne ist noch jetzo in gutem Stande und wird das Wasser aus selbigem vermittelst eines horizontalliegenden Tretrades heraufgewunden. Ob nun gleich dieser Brunne das nöthige Wasser verschaffete, so war es dennoch, um es so fort denen Pferden zu geben, viel zu hart, weßhalb man vor dem Brunnen ein von Stein ausgehauenes Behältniß setzen ließ. Dieses wird vollgetreten, und das Wasser muß acht und vierzig Stunden darin stehen, um es durch die Luft zu temperiren. Eine solche zur Stuterey gemachte Einrichtung zu Lopshorn gab Gelegenheit, daß man ohngefähr um das Jahr 1690 für eine kleine Viehzucht einen Ackerbau daselbst anlegte, wodurch die jetzo daselbst

selbst befindliche Meyerey ihren Anfang genommen.

Die üblen und harten Jahre 1711 und 1712 verursacheten dem Gestüte einen abermahligen großen Schaden, immaßen in dieser Zeit auf einmahl acht und dreißig Stuten crepirten.

Nach diesen Zeiten wurden die Gebäude zu Lopshorn noch mehr erweitert, zu einer Regularität aufgebauet, und zu Jagdvergnügungen und zur Stuterey bequemer gemacht. Zu lezterem Endzweck sind auch noch zwey Cisternen von weitem Umfange angeleget, wodurch der Mangel des Wassers um so mehr gänzlich gehoben ist. Solte wider alles Vermuthen, bey einer stark anhaltenden Kälte, dieser Mangel dennoch eintreten: so sind die auf der Pivitz Heide wohnende Bauren schuldig, das nöthige Waßer herbey zu fahren. Seit den Jahren 1717 und 1718 wurde das Gestüte wieder merklich erweitert, und man bemühete sich durch türkische, arabische und andere ausländische Hengste diese Race zu verbessern. Durch die Unachtsamkeit und Unwissenheit derer, welche dem Gestüte vorgesetzet gewesen, schlichen sich ohnvermerket erbliche Fehler in dasselbe ein, wozu noch der 1740 gewesene starke Winter kam, welche beyde Stücke dem Gestüte sehr nachtheilig waren. Ersteres sezte den Werth des Gestütes herunter; und lezteres verursachte, daß viele Stuten durch den Frost umkamen. Ein Beyspiel hiervon anzugeben, so hat man eine tragende fast ganz verfrorne Stute auf dem Schlitten in den Marstall gebracht, und auch glücklich von dem Untergange gerettet, auch das bey der Stute gewesene Füllen gesund bekommen, welches ein blauscheckigt Hengstfüllen gewesen, und nach einigen Jahren vor hundert Louisd'ors verkaufet ist. Zu der Zeit also, da mein jetzo regierender Gnädigster Landesherr die Regierung übernahmen, wurden unter den übriggeliebenen verschiedene mit erblichen Fehlern behaftete

tete Stuten gefunden, daher kein ander Mittel, das Gestüte zu reinigen, vorhanden war, als selbige abzuschaffen. Man sezte sie zum öffentlichen Verkauf aus, und unter dieser Anzahl wurden noch viele reine und gesunde Stuten mit abgeschaffet, daß also das Gestüte sehr geringe in der Anzahl tragbarer Stuten blieb. Von dieser Zeit an ist man beschäftiget gewesen, das Gestüte zu erweitern und in den besten Stand zu setzen, wozu die vortrefliche Anstalt und Aufsicht des Herrn Grafen Wilhelm Excellenz, Herren Bruders meines gnädigsten Landesherren, das meiste beygetragen. Auf diese Art wird von Jahren zu Jahren fortgefahren, und kein Geld ersparet, die besten und tüchtigsten Hengste aus fremden und weitentlegenen Ländern für dieses Gestüte anzuschaffen. Hierbey kan ich nicht ohnbemerket lassen, daß, da dieses Gestüte die von meinem Gnädigsten Herren bestimte Anzahl tragbarer Stuten noch nicht in sich fasset,

set, auch der Marstall und das Landgestüte zuvörderst mit Pferden von dieser Race besetzet werden sollen, vor dem October des 1774sten Jahres keine Senner können verkaufet werden. Von diesem Jahre an aber, gedenke ich, woferne nicht durch ein Unglück mein gemachter Entwurf unterbrochen wird, alle Jahre eine ziemliche Anzahl öffentlich zu verkaufen.

II Abschnit.

II Abschnit.
Von der Nahrung der Senner Stuten.

Da es bey diesem Gestüte eine einmahl festgesezte Regel ist, denen Stuten, weder im Sommer noch im Winter, außer im höchsten Nothfall, Futter zu reichen, so bleibt ihnen nichts übrig, als daß sie im Walde und der Senne Winter und Sommer ihre Nahrung suchen müssen. Man kan diese Stuten mit dem Wilde am füglichsten vergleichen, als womit sie sehr vieles gemein haben, so gar, daß sie sich gleich jenem in gewissen Rudels oder Haufen zusammen halten, und sich nie trennen. In solchen Haufen gehen sie nach allen Weltgegenden, doch solcher Gestalt, daß, wohin ein Haufe seinen Gang einmahl genommen, er denselben nicht verlasse; und so verlässet auch
kei-

keine einzelne Stute ihren gewöhnten Haufen. Triebe man auch eine einzelne Stute zu einem andern Haufen mit Gewalt: so würde sie selbigen dennoch wieder verlassen und ihrer vorigen Geselschaft sich wiederum zugesellen.

Der große Umfang des lippischen Waldes und die darin sich befindende gute Weide verschaffet den Stuten die beste Nahrung; und in den Sommermonathen so wohl, als auch im Herbst sind die Stuten so stark von Fleisch, als wenn sie auf dem Stalle gefuttert wären.

Mit dieser genugsamen und guten Weide sind sie dennoch öfters nicht zufrieden, sondern brechen durch und verursachen den an der Grenze des Gestüte wohnenden Unterthanen an ihren Feld-ja öfters Gartenfrüchten, als Kohl u. s. w. großen Schaden, welches auch durch die genaueste und fleißigste Aufsicht nicht zu verhüten ist.

Das Durchbrechen der Stuten ist folgender maßen zu verstehen. In Rüksicht auf den Schaden, welchen die Stuten in Feldern anrichten, hat man die Grenzen des Gestütes so viel als möglich mit Graben, Hecken, Schluchtern und die Eingänge mit Schlagbäumen versehen, welche zum Theil durch die angrenzenden Bauerschaften, zum Theil aber auf Herrschaftliche Kosten unterhalten werden müssen.

Diese Einschränkungen nehmen ihren Anfang bei einem Dorfe Nahmens Heidenoldendorf und gehen vor Hiddesen herum, wo sie zu Ende sind, weil der lippische Wald alda sehr stark ist, und die Stuten an dieser Seite außerdem nie austreten; auf der Seite von der Stadt Horn, hauptsächlich aber in der Vogtey Schlangen sind wiederum dergleichen Einschränkungen, welche sich über die Herrschaftliche Meyerey Oesterholz erstrecken, und in der offenbaren Senne aufhören, wo keine weitere Schranken wegen der alzuschweren Kosten zu machen sind, indem selbige auf der

der paderbornschen Grenze mithin einige Meilen lang gezogen werden müsten. So genau man auch auf die Ausbesserung dieser Einschränkung Acht hat, so ist es oftmahls dennoch ohnmöglich, die Stuten innerhalb denselben zu behalten. Ich bin ein Augenzeuge davon gewesen, indem eine Stute nebst ihrem noch saugenden Füllen, vermittelst eines entsetzlichen Sprunges, über einen Graben und Hecke setzte, welches mir durch eine Erzehlung unglaublich würde gewesen seyn; allein es ist gewis. Einst zeigte mir der Bauerrichter von Heidenoldendorf an, daß eine Senner Stute mit ihrem Füllen in dem Haberfelde läge, und grossen Schaden anrichte; den Ort, wo sie durchgekommen sey, könte man allem Nachsehen ohngeachtet nicht finden. Man getraue sich nicht, die Stute zu jagen, aus Furcht, sie möchte Schaden nehmen; er bäte also, jemand zu schicken, der selbige wieder in den Wald zu bringen suchte. Ich ritte dahin, um die Untersuchung davon selbst anzustellen; ich fand auch die Stute und noch eine Anzahl Bauren, welche sich daselbst bemüheten zu wissen, wo sie wohl durchgekommen wäre. Ich näherte mich der Stute mit einem bey mir habenden Reitknecht. Kaum wurde sie mich aber gewahr, als sie sich mit langsamen Schritten einem sechs Fuß breiten Graben näherte, auf dessen gegenüberstehendem Ufer einen Hecke von vier Fuß hoch gesetzet war, und darüber sezte, ohne daß sie dazu getrieben wäre, welchen Sprung auch das Füllen nachmachte. Ohngefähr zwanzig Schritte von dieser Stelle fand ich die Spur, wo sie von der Waldseite in das Feld über eben diesen Graben und Hecke gesetzet hatte. Andere Stuten gebrauchen andere Mittel, um die Felder zu besuchen. Sie suchen in den Hecken, ob sie nicht ein Loch finden, wo sie mit der Nase durchkommen können; wenn sie das gefunden haben, so brechen sie gleich einem Schweine so lange, bis sie den Kopf und Hals

Hals durch haben, und alsdenn legen sie sich so lange mit aller Kraft hinein, bis sie durch sind. Der ersten folgen hierauf die übrigen alle nach. Im Frühjahr und Herbst finden sie sich bisweilen in den Gärten vor Detmold an den so genanten Weinbergen ein.

An der Paderbornischen Grenze ist die Gefahr des Austretens am grössesten, weil daselbst, wie ich schon angeführet habe, keine Einschränkungen sind. Noch im vorigen Jahre habe ich eine an dieser Seite durchgebrochene Stute, welche ich sechs Wochen verlohren, (deren Verlust ich auch durch die Lipstädter Zeitungen bekant gemacht) aus dem Waldekischen ohnweit Arolsen von dem Herrn Pastor Rissen wieder erhalten, da selbige von seinem Knecht auf dem Felde aufgefangen worden. Am meisten mus man junge, drey und vierjährige Stuten vor dergleichen Ausschweifungen bewahren. Diese werden, da sie in diesem Alter, welches unten gesäget werden wird, noch unbedecket bleiben, durch ihre Hitze zum Hengst angetrieben, herum zu laufen und selbigen aufzusuchen. In der Senne auf der Paderbornischen Seite gehen junge Bauren Pferde, zu welchen sie sich zuerst gesellen; und geschiehet ihrem Suchen bey diesen kein Genüge; so entfernen sie sich immer weiter vom Gestüte. Bey der überflüssigen Weide ist in dem Walde in heissen Sommertagen ein nicht zu hebender Wassermangel, weil in demselben weder Quellen noch Flüsse zu finden sind. Bey Horn, Cöllstaed, Schlangen, Berlebeck und Haustenbeck, welche außer dem ersten lauter Dörfer sind, giebt es zwar einige; allein die Stuten sind diesen Gang nicht gewohnt, und sie haben allemal, ohnerachtet der Quelle, Mangel an Wasser; sie müssen deswegen auch oft drey und mehr Stunden gehen, um ihren Durst zu löschen. Der so genante Donoper Teich ist jederzeit mit genugsamen Wasser angefüllet; allein er lieget an der Seite von

Hei-

Heidenoldendorf, und ist dahero den an der Hornischen Seite gehenden Stuten zu entlegen. Bey anhaltendem Regenwetter fehlet es nicht daran, weil sich alsdenn das Wasser in den Gründen der Wälder und in der Senne samlet und eine ziemlich lange Zeit stehen bleibet. Diese Unbequemlichkeit des Gestütes ist sehr ofte von übeln Folgen. Bey großer Hitze, wenn die Stuten einen so weiten Weg, um den Durst zu löschen, laufen müssen, und nach dieser Erhitzung so gleich bey das Wasser fallen, welches in den Sümpfen auch oft faul ist, verhitzet sich manche Stute, und weil man hiervon sehr spät oder auch gar keine Nachricht bekömt, und die Hülfe der Arzeney also zurückbleibt, so gehet sie endlich verlohren. So viel ich bey meinem hiesigen Aufenthalte durch Erzählungen derjenigen, welche das Gestüte genau kennnen und durch meine eigene Erfahrung anmerken können, sind die in dem Gestüte crepirte Stuten und Füllen meistenstentheils faul gewesen, welches, da die Weide trocken ist, von einer alten Verhitzung nothwendig herrühren mus.

Im Winter und Frühjahr, wenn noch kein Gras gewachsen ist, ernähren sich die Stuten mit Heide, wiewohl sie, so bald das Laub ausgebrochen, selbiges der Heide vorziehen und sich damit sättigen. Wenn es um die Zeit ist, da die Heide die einzige Nahrung der Stuten ausmachet, werden sie so mager, daß ein jeder, dem diese Pferde unbekant sind, sie für die elendesten Thiere halten, und ein solches nicht einmal zum Geschenke annehmen würde. Sie kommen aber dennoch nicht von Kräften und nehmen gar bald wieder zu. Bey diesen für die Stuten dürftigen Zeiten wird ihnen demohngeachtet kein Futter gereichet: es wäre denn, daß der Schnee so hoch gefallen, daß auch die Spitzen der Heide bedecket wären; alsdenn werden sie in den Ställen zu Lopshorn ernähret. Sind die Spitzen

der

der Heide frey, so scharren sie den Schnee mit den Füßen weg, und suchen unter selbigem ihre Nahrung hervor.

Können sie aber nichts bekommen, so kommen einige Stuten von selbst nach Lops'horn, ihr Futter zu holen; andere hingegen müssen aus Besorgnis, daß sie aus Hunger crepiren mögten, durch den Stutenwärter und dessen unter sich habenden Knechten herbeygeholet werden. Das Futter, welches ihnen zu Lopshorn gereichet wird, bestehet in Heu, Haber oder Weitzen, Stroh, welches ihnen auf die Raufe gestecket wird, und geschnittenen Erbsen, Bohnen und Wickenfutter mit geschnittenem Rockenstroh vermischet. Von jenem bekomt eine Stute täglich zehn bis zwölf Pfund, von diesem aber des Morgens und Abends jedesmahl ein gutes Futter. Den trächtigen Stuten wird außer diesem auch noch des Mittags ein Futter gereichet, weil sie mehr Nahrung bedürfen. Während dieser Zeit sucht man die Gelten von den trägtigen abzusondern und man lässet jene in dem Hofe von Lopshorn herumlaufen. Die ein und zweyjährigen Stutfüllen bekommen stat des geschnittenen Rauzeuges geschnittenen Haber, mit geschnittenem Rockenstroh vermischet. Das Wasser wird ihnen zum Saufen vermittelst einer in der Cisterne angebrachten Pumpe in die Krippen gepumpet, oder mit Eimern hinein getragen. Zur Bewegung werden die Stuten sowohl als die Füllen alle Tage, wenn die Luft an mäßigsten ist, in den Hof oder Gestütskamp gelassen, woselbst sie sich ein paar Stunden ergehen. So viel es sich thun lässet, will ich die Stallung des Gestütes beschreiben, welches, wenn es recht deutlich seyn solte, gezeichnet werden müste, das aber für dieses kleine Werk zu kostbar werden würde. Man stelle sich ein von Steinen aufgeführtes Gebäude, hundert und achtzig Fuß lang und vierzig Fuß breit vor, in dessen Mitte von vorne nach dem Hofe

Hofe zu sowohl, als auch an beyden Enden große Thüren, acht Fuß breit, angebracht sind.

In der Mitte dieses Gebäudes ist ein Platz, funfzig Fuß lang, durch zwei Scheidemauren abgesondert, welche ebenfals mit zwey, acht Fuß breiten, Gatterthüren von Eichenholz versehen sind. Dieser in der Mitte des Gebäudes abgesonderte Platz dienet zum Bedecken der Stuten, und wird der Springthurm genant. Zu beyden Seiten dieses Springthurms sind zwey große Ställe für die Stuten und Füllen, welche mit Raufen und Krippen versehen sind. Von dem einen dieser großen Ställe hat man den britten Theil durch ein Gatterwerk abgesondert und dieser kleinere Platz ist für die ein und zweyjährigen Füllen, weil diese nicht allein eine andere Art Futter bekommen, wie bereits gesaget ist, sondern man müste auch besorgen, daß sie durch das Schlagen der Stuten beschädiget werden könten.

ten. In diesen Ställen gehen die Stuten unter einander frey herum; sie lassen sich aber nicht berühren. Sie thun auch Niemand etwas zu leide, außer wenn man Miene machte sie anzurühren; denn alsdenn setzen sie sich mit Beissen und Schlagen zur Wehre.

Zu ihrer Bequemlichkeit wird ihnen eine sehr hohe Streue von Heide gemacht, welche der auf der Herrschaftlichen Meyerey zu Lopshorn wohnende Pachter im Sommer hauen und anfahren zu lassen schuldig ist, wofür er den Mist nutzen kan. Im Winter werden diese Ställe nie rein gemacht, sondern es wird, wenn es nöthig ist, auf den alten Mist allemal frische Heide gestreuet. An der Seite dieser Ställe sind in einem abgesonderten Gebäude verschiedene kleine Ställe, worin die erst abgesetzten Füllen gefuttert werden, deren Nahrung in gutem Heu und sehr fein geschnittenem Haber, mit geschnittenem Rockenstroh vermischet, bestehet. Diesen werden täglich neue

Streu-

Streuen gemacht und der alte Mist wegge=
nommen. Vor dem zuvor erwehnten großen
Gebäude ist ein Hof von weitem Bezirk, und
vor diesem liegt ein sehr großes mit Schluchtern
eingefassetes Stücke Heide von einigen tausend
Morgen, welches der Gestütskamp genant
wird. Von seinem Endzwek wird noch in der
Folge geredet werden.

II Abschnit.

III. Abſchnit.

Von der Futterung und Weide derer Hengſt-Füllen.

So bald die Füllen abgeſetzet werden, welches gemeiniglich am Ende des Monats September geſchiehet, werden ſie vierzehn Tage mit Weizen, Kleyen und feingeſchnittenem Rockenſtroh, auch gutem Heu gefuttert. Nach dieſer Zeit aber bekommen ſie das im vorigen Abſchnitte gemeldete Futter. Wenn der Winter vorüber iſt, und das junge Gras im Frühjahr hervor keimet, ſo werden dieſe jungen Füllen durch Dienſte in dem Walde nahe bey Lopshorn gehütet und des Abends wieder in die Ställe getrieben, bis am zwanzigſten May; denn an dieſem Tage werden ſie ſämt=
lich

lich, sowohl Stuten als Hengstfüllen, nach Varenholz auf die Weide getrieben. Die Ursache, warum auch die einjährigen Stutfüllen dahin gebracht werden, bestehet darin, daß nemlich die dasige sehr trockene und nahrhafte Weide diese Füllen sehr auseinander treibt und deren Wachsthum befördert. Nach geendigter Weide werden die Stutfüllen wieder nach Lopshorn an den Wald gebracht, wo sie denn Zeit ihres Lebens dem Gestüte einverleibet bleiben. Ehe man aber die Füllen nach Varenholz auf die Weide führet, werden sie auf der linken Lende mit dem gewöhnlichen Senner Brande versehen. Dieses bestehet in der Lippischen Rose, über welcher eine Krone stehet; unten aber ist der Nahme des regierenden Herren befindlich. Um diesen Brand desto bequemer zu verrichten, wird eine Art eines Nothstalles aufgeschlagen, in welchen des Füllen gebracht wird. Wenn dieser Nothstall aufgeschlagen und das Füllen darin ist, so hat er die Figur eines von Brettern

ge-

gemachten Kastens, worin das Füllen weder vor noch rückwärts kommen kan, und dessen geringe Breite auch die Ausweichung zur Seite verhindert. Vorne ist eine kleine Fallthüre, wodurch das Füllen mit dem Kopfe bis an die Brust kommen kan; und weil dasselbe dadurch etwas vorwärts kömt, werden hinter ihm zwey, etwa drey Zoll breite, Riegel geschoben, wodurch es wie eingemauret stille stehen mus. Gegen der linken Lende ist ebenfals eine kleine Fallthüre, durch welche der Brand verrichtet wird. Gemeiniglich sind die jungen Füllen, wenn sie ihr Winter Haar in dieser Zeit noch nicht weggeworfen haben, sehr stark von Haaren, wodurch das Eisen nicht gut durchbrennet, wenigstens ist der Brand nach einigen Jahren nicht mehr zu sehen, weswegen die Haare auf der Stelle, wo der Brand zu stehen kömt, mit der Scheere vorher abgeschnitten werden. Das Eisen macht man so heis, daß es ganz roth ist; und hierauf wird der Brand

Brand verrichtet. Findet man, daß die Haut durchgebrant sey, so verstehet es sich von selbst, daß man einen solchen Flek mit einer heilenden und kühlenden Salbe bestreichet, welche immer bey der Hand ist. Ist die Haut aber nicht durchgebrant, (welches eigentlich auch nicht seyn darf), so geschiehet nichts daran, und der Brand heilet von selbst. Wenn das Brennen geschehen ist, so wird der Nothstall vorne geöfnet und das Füllen gehet heraus. Mit diesem Brande werden nur die Füllen versehen, die an der Senne von Senner Stuten gefallen sind, welche nothwendig von den zu diesem Gestüte bestimmeten Hengsten bedecket seyn müssen. Andere Herrschaftliche Füllen bekommen diesen Brand nicht; noch weniger aber fremde Pferde. Herrschaftliche Füllen, die nicht an der Senne fallen, werden an der linken Seite des Halses ebenfals mit einem Brande versehen; allein dieser bestehet in dem Nahmen des re-

gierenden Herrn: S. A. mit einer darüber-
stehenden Krone. Die im Landgestüte fallen=
de Füllen werden nicht weniger alle Herbste ge=
brant, welches der Bauer zu leiden verpflich-
tet ist. Dieser Brand ist dem Brande völlig
ähnlich, welchen die Herrschaftlichen Pferde,
die nicht an der Senne fallen, an dem Halse
bekommen; der Unterschied ist nur hierin, daß
die Baurenfüllen den Brand, welcher auch
etwas grösser ist, auf die linke Lende bekommen. Am Ende Monats September werden die Füllen von der Weide genommen, die
Stutenfüllen nach Lopshorn gebracht, wie ich
bereits gesaget habe; die Hengstfüllen hingegen
bleiben auf der Herrschaftlichen Meyerey Va=
renholz, wo sie auf die bey jährigen Füllen üb=
liche und einem jeden genugsam bekante Art
ernähret werden. Wenn sie $4\frac{1}{2}$ Jahr alt sind,
werden sie des Sommers daselbst auf die Weide
gebracht, und des Winters in Ställen gefuttert: nach diesem erreichten Alter aber zu ihrer

rer Bestimmung entweder aufgestallet, oder
in der Folge verkaufet. Hierbey kan ich nicht
unberühret lassen, daß diese Hengstfüllen nicht
eher an die Krippe gebunden werden, bis man
sie aufstallet; denn bis dahin behalten sie in
den Ställen ihre völlige Freyheit. Es verstehet sich aber, daß sie nach ihrem Alter in verschiedenen Ställen abgesondert stehen, weil
die Schwächern sonst sehr leiden könten.

Da diese Pferde so lange in Freyheit bleiben; so ist leicht zu erachten, daß sie sich allem Zwang um desto mehr wiedersetzen, da sie
von Natur zur Wildheit geneigt sind. Der
Anfang, den man machen muß, um ihnen den
Halfter über den Kopf zu bringen, wenn sie
von Varenholz nach Detmold geführet wer=
den, ist oft mit Lebensgefahr verknüpfet; denn
es gehet selten ohngeachtet der gebrauchten Vorsicht ein Jahr vorüber, daß nicht jemand Scha=
den dabei nimt. Nachher ist ihre Abrichtung
weit gefährlicher, wenn man ihre Art und Ge-

wohnheit nicht kennet; hingegen zeigen sie sich auch bald auf einer besseren Seite, wenn man sie so behandelt, wie es ihr Humeur erfordert. In dem Anhange dieser Blätter will ich die Art, wie ich selbige behandele, bekant machen; denn vielleicht könte derjenige, welcher sich nicht so stark auf die Reitkunst geleget hat, und doch ein solches rohes wildes Pferd in die Hände bekömt, einigen Nutzen davon haben. Für einen Bereiter würde es überflüssig seyn; indem dieser ohnedem so viel wissen mus, wie er ein wildes Pferd thätig mache.

IV. Abschnit.

IV Abschnit.

Von der Art und Weise, die Senner Stuten zu bedecken.

Am Ende des Monaths April werden die für das Gestüte bestimte Bescheler, welche jederzeit in dem hiesigen Marstall stehen, zum Bedecken nach Lopshorn geführet, womit der Anfang den 1sten May gemacht wird.

Einem jeden Kunstverständigen wird hier gleich der Einwurf beyfallen, warum man damit nicht früher den Anfang mache, da doch die frühen Füllen jederzeit für besser als die späten Füllen gehalten werden. Diesen Einwurf, welcher nicht unrecht ist, will ich am Ende dieses Abschnittes mit Gründen heben; in der Hofnung, daß man mir Recht geben werde.

Die Beschelzeit dauret vom 1sten May bis

38 **IV Abſchn. Von der Art und Weiſe,**

zu Ende des Junius, und in jeder Woche ſind drey Tage, nemlich der Montag, Mittewochen und Freytag dazu feſtgeſetzet. In dieſen Tagen bedecket jeder Hengſt zwey Stuten; und zwar eine des Morgens vor ſieben Uhr, und die andere des Abends im Kühlen. Die übrigen Tage in der Woche ſind den Hengſten zu ihrer Bequemlichkeit und Ruhe gewidmet. Zum voraus wil ich hier bemerken, daß faſt alle Stuten ein ganzes Jahr, und einige noch etliche Tage länger wie ein Jahr tragen, welches von ihrer harten, ſtrengen und kümmerlichen Nahrung herrühret. Da nun am erſten May der Anfang mit dem Bedecken gemachet wird, ſo folget, daß um dieſe Zeit noch keine Füllen, oder doch nur wenige gefallen ſind; derowegen wird mit den Gelte gebliebenen Stuten zuerſt angefangen. Der Stutenwärter muß mit den unter ſich habenden Knechten dieſelben im Walde aufſuchen, und in die Ställe oder in den Kamp bey Lopshorn

Horn treiben. Hierbey mus ich noch besonders bemerken, daß dieses Herbeytreiben der Stuten nicht eine so leichte Sache sey, als man sich wohl einbilden solte. Die dem Gestüte vorgesezten Leute müssen die Gegend und die Gänge der Stuten genau wissen, und ihnen in dieser oder jener Grund zuvor zu kommen suchen; sonst würden sie bey dem Treiben von der Seite ausweichen, und um einen Berg oder Wald Kopf wieder in die zuvor gewesene Gegend laufen. Diesem zufolge mus der Stutenwärter oder Knecht, jedoch nach Beschaffenheit der Gegend, einen oder mehr Gehülfen bey sich haben, um die Päsie damit zu besetzen.

Wenn nun die Stuten zum Bedecken herbeygeschaffet werden sollen, so kan man diejenigen, welche man bedecken lassen will, nicht allein herbeytreiben, weil sie sich von dem Haufen, womit sie zu gehen pflegen, im Walde nicht absondern lassen, daher der ganze

Haufe, Gelte und Trägtige, zugleich kömmet. Die Absonderung geschiehet hierauf in den Ställen; die bedecket werden sollen, werden bedecket, und alsdann wird der ganze Haufe, wie er gekommen, wieder fortgelassen und in den Wald gejaget. Würde man auch mit aller Mühe eine solche Stute von ihrem Haufen absondern, um die andern von ihrer Weide nicht zu entfernen und man ließe selbige bedecken und so dann wieder fort; so würde diese Stute nicht eher fressen, bis sie ihre Geselschaft wiedergefunden, und sich durch vieles Laufen entweder verhitzen oder gar entlaufen, welche Gefahr man allezeit verhüten muß. Die Art, wie die Stuten bedecket werden, ist folgende: die Stute wird in den Springthurm, dessen im zweiten Abschnitt Erwähnung geschehen, gelassen, warin sie frey herum läufet. Die Spannung, welche man bey den zu bedeckenden Stuten zu machen pfleget, fället hier weg, weil man keine Hand an ein solches wildes Pferd

die Senner Stuten zu bedecken.

Pferd bringen kan. Hierauf wird der Probierhengst durch Reitknechte herzugeführet. Zwey
andere Knechte, welche mit acht Fus langen Stö-
cken versehen sind, suchen die Stute mit dem
Kopfe in eine Ecke zu jagen und darin zu erhalten. Der Probierhengst wird näher hinzu-
gelassen. Einer von diesen Knechten suchet
mit seinem Stock, welcher an dem obersten Ende durch einen Bruch mit vielen Spalten versehen ist, die Haare des Schweifes der Stute
zu fassen, durch Umdrehen den Stock darin zu
befestigen und den Schweif auf die Seite zu
ziehen. Ist nun die Stute rössig, so stehet
sie stille und der Hengst kan seine Probe vollenden. Schlägt die Stute ab, so weiß der Probierhengst oft die besten Merkmahle davon auf-
zuweisen, indem die Stuten so entsetzlich schlagen,
daß die Haut von dem Hengst stückweise herunter fält. Auch die Knechte sind dabei in
nicht weniger Gefahr. Bey dem Wiedersetzen der
Stuten pflegen sie aus ihrem Winkel zu ent-

wi-

wischen, demjenigen, welcher mit dem Stock den Schweif auf die Seite gezogen, durch eine schnelle Wendung oder Schlag den Stock aus der Hand zu reißen, und mit selbigem, da er sich in den Schweif festgewickelt, derbe Prügel auszutheilen, und mit Schlagen, oder Springen nicht eher aufzuhören, bis der Stock entfallen ist. Ein in diesem Gestüte mit Nutzen zu brauchender Probierhengst muß besondere Eigenschaften haben, welche ich zu erwehnen nicht aus der Acht lassen kan. Man pfleget gemeiniglich in andern Gestüten alle steife, abgenutzte und zur Zucht untüchtig gewordene Hengste zu wählen, welche sich aber nicht für die Senne schicken, weil diese just die gegenseitigen Eigenschaften besitzen müssen. Sie müssen jung, lustig und sehr gewandt seyn, mit den schnellen Schlägen der Stuten geschwind und geschikt zu entweichen, darneben leicht aufsitzen, ohne sich lange zuvor mit der Nase zu belustigen. Ich habe hierzu den geschikteften

Hengst

Hengst genommen, welches Zeugnis ihm auch ein jeder beilegt, der ihn seine Arbeit verrichten gesehen hat, und welcher, da er diesen Dienst schon drey Jahr verwaltet, sich aller Vortheile, der Gefahr zu entkommen, zu bedienen weis. Es ist ein Senner Klophengst, welcher überdem noch im Landgestüte bedecket und fürtreflich erbet. Wenn er zum Probieren gebrauchet wird, nähert er sich der Stute ringfertig auf drei Schritte, wo er Halte machet, seinen Kopf nach der Stute lang ausstrecket und ihr zum Schlagen Anlas giebt. Schlägt sie, so ziehet er seinen Kopf schnell nach sich, und machet auf seinen Hinterfüßen eine geschwinde Wendung, wodurch er fast in einem Augenblick sechs Schritt von der Stute entfernet ist. Schlägt sie nicht, so schießet er wie ein Pfeil, ohne sich höher zu heben als nöthig ist, auf die Stute und hält sie feste; wenn sie auch anfängt, sich zu wiedersetzen und zu schlagen, so lässet er doch nicht los, indem

er

er wohl weis, daß, da er so nahe an der Stute ist und deren Croupe niederdrücket, er nicht mehr beschädiget werden kan; und solcher Gestalt reitet er gleichsam zwey bis drey mahl auf der Stute in dem Springthurm herum, bis er den Zeitpunkt wahrnimt, daß er ohne Gefahr von derselben entwischen kan. Mit eben der Fertigkeit, damit er die Stute besteigt, verlässet er sie; allein er bekömt dennoch zuweilen, wie ich bereits erwehnet habe, einen schmerzhaften Schlag, wovon die Spuren etliche Wochen bleiben. Auf diese Weise werden die Stuten, eine nach der andern, probiret. So bald eine probiret ist, wird sie in den Stall gejaget, und dafür eine andere in den Springthurm gelassen. Wenn man mit dem Probiren durch ist, so wird eine rössige Stute zum zweytenmahl im Springthurm gebracht, und der Hengst, welcher für diese Stute bestimmet ist, auf vorbeschriebene Weise zugelassen. Es giebt einige Stuten unter denen Sennern,

welche,

die Senner Stuten zu bedecken.

welche, wenn sie gleich rössig sind, dennoch den Hengst nicht zulassen, woran entweder ein Kützel, oder eine Wiederspenstigkeit Schuld ist; diese werden vermittelst eines Dämpfseiles mit Gewalt dazu gebracht. Es ist dieses ein zwey Daumen dickes und ohngefehr zehn Ellen langes Seil, an dessen einem Ende ein eiserner Ring befestiget ist, welcher noch einmahl so weit, als das Seil dicke ist. In diesem Ringe ist eine andere, etwa einen halben Finger breit, dicke Linie feste gemacht. Das Dämpfseil oder dicke Strik wird durch zwey Knechte ausgespannet, und das Pferd mit der Brust dagegen gejaget. Hierauf gehen die beyden Knechte zusammen, stecken das eine Ende des Seiles durch den Ring und ziehen es schnell zu, daß also das Strik der Stute gleich einer Schlinge um den Hals lieget. Die Knechte müssen mit dem Durchziehen des Strickes sehr geschwind verfahren, indem sie sonst den Kopf gar zu leicht wieder heraus bekommen. Ist das Pferd

auf

auf dieſe Art feſte, ſo ziehet einer, oder zwey Knechte das Strick durch die von Gatterwerk gemachte Stallthüre dergeſtalt, daß das Pferd mit dem Kopfe davor ſtößet. Weil nun die Stute wenig oder gar keine Luft ſchöpfen kan, ſtehet ſie aus Angſt ſtille und läſſet ſich bedecken. So bald der Sprung vollendet iſt, hält einer von den im Stalle ſtehenden Leuten die in dem Ringe befeſtigte Linie an, und das dicke Strick wird nachgelaſſen, wodurch ſich die Schlinge wiederum löſet, und das Pferd den Kopf herausziehen kan. Einige Stuten ſind hierin ſchon ſo erfahren, daß ſie ſo gleich ſtille ſtehen, und ſich bedecken laſſen, wenn ſie nur den Strik an dem Halſe fühlen; daß man es nicht einmal nöthig hat, ſie ſo ſtark an die Thüre zu ziehen. Wenn unter dieſen Stuten ſchadhafte ſind, oder wenn ſie ſollen abgefangen werden, ſo bedienet man ſich allemahl dieſes Dämpfſeiles, welches ein leichtes, geſchwindes und dabey ſicheres Mittel iſt; in

dem

die Senner Stuten zu bedecken.

dem hiervon noch kein Beispiel ist, daß eine Stute dadurch fehlerhaft geworden wäre. Die tragenden Stuten werden, wenn sie ihr Füllen geworfen, den achten Tag darauf gleich wieder bedecket, da sie am ehesten bey bestehen, welches man aus der Erfahrung angemerket hat. Oft wird man aber den rechten Tag, wenn das Füllen jung wird, nicht gewahr, weil die Stuten in dem Walde werfen; daher man auch den achten Tag zum Bedecken verfehlen kan. Inzwischen kömt es auch auf ein paar Tage nicht an. Eine bedeckte Stute wird den eilften Tag nach dem Sprunge von neuen probiret, und wenn sie nicht abschlägt, wiederum bedecket. Auf diese Weise wird bis Ende Junius fortgefahren, da alle Stuten auf einen Tag nochmahls durch probiret und die, welche den Hengst annehmen wollen, zum leztenmahl bedecket werden. Von Stunde an wird das ganze Gestüte so dann in den Wald gejaget, und nicht eher wieder versamlet,

bis

bis die Füllen abgesetzet werden sollen, welches am Ende Septembers zu geschehen pflegt. Die Stuten werfen ihre Füllen in den Wäldern, und man erfähret es bisweilen erst den zweiten oder dritten Tag nachher, daß die Stute geworfen hat, wobey man ohne Bewunderung die Kräfte eines so jungen Geschöpfes nicht ansehen kan. Denn in eben der Stunde läuft es mit seiner Mutter fort und zwar auf zwey bis drey Stunden weit. Eben dieses ist nun auch der Grund, daß die Stuten so spät bedecket werden, wovon ich hier zu erwehnen im Anfange dieses Abschnittes versprochen. Die Stuten haben erstlich, wie bekant, sehr wenige und schlechte Nahrung im Winter und Frühjahr. Zweytens pfleget der Monat April eine kalte und nasse Witterung, und so gar Schnee mit sich zu führen, welcher ohne dem an dem Lippischen Walde, wegen der daselbst ungleich kälteren Luft, als auf dem platten Lande, häufiger fält; denn wenn es z. E.

in

in Detmold regnet, so lieget zu Lopshorn Schnee. Würde der Anfang mit dem Bedecken im Merz oder April gemacht, so würden in diesen Monathen auch bereits Füllen fallen, die aber in den morastigen und schlechten Wegen der Mutter nicht folgen könten. Die Stuten, denen es am Futter gebricht, wären nicht im Stande ihre Füllen mit genugsamer Milch zu versehen; sie würden daher nicht nur selbst leiden, sondern die Füllen würden auf eine oder die andere Art umkommen. Alles dieses ist bey den im May fallenden Füllen, da die Stuten junges Laub und Gras finden, auch die Wege trocken sind, nicht zu besorgen. Hieraus wird jedermann die Richtigkeit des Grundes, warum man in der Senne mit dem Bedecken so spät anfängt, satsam einsehen.

Ohnerachtet die Stuten wild in dem Walde herum laufen, und durch Verhitzungen oder andere Zufälle häufig um ihre Frucht kommen;

men; so bleibt doch allemahl über die Hälfte trächtig, und ich kan beynahe auf ⅔ von der Anzahl der bedekten Stuten rechnen, welche ihre Füllen gesund bringen. Von dieser Ernte kan man bey einem solchen Gestüte volkommen zufrieden seyn, indem man öfters in zahmen Gestüten, wo man mehr Kunst anwenden kan, es so hoch nicht bringet, dergleichen mir zur Genüge bekant sind. In diesen Gestüten setze ich den Grund theils in der übermäßigen Nahrung, womit so wohl Stuten als Hengste unterhalten werden, theils aber auch in der wenigen Arbeit, die man den Hengsten aufleget. Die Senner sind gemeiniglich zu der Zeit, da sie bedecket werden, so mager, daß man alle Knochen unter der Haut liegen siehet, und in diesem Zustande nehmen sie am besten auf. Haben sie wegen eines guten Frühjahres schon Fleisch aufgesuchet, so hat man bemerket, daß man nicht so viel Füllen bekömt. Eben so trägt auch die weni-

wenige Arbeit zu der Unerblichkeit der Bescheler sehr vieles bey, indem ein solcher mäßiger und mit Luder überzogener Bescheler ganz und gar nicht zur Zucht taugt, wovon ich die Ursache, welche durch die Erfahrung bestätiget wird, den Naturkundigern überlasse. Man nehme einen gemeinen Hengst, welcher täglich arbeitet, oder einen solchen, welcher von den Fuhrleuten auf der Landstraße täglich gequälet wird und lasse ihn bey eine rössige Stute, so wird es sehr selten fehlschlagen, daß nicht die Stute von diesem einzigen Sprunge trächtig wird. Von Tage zu Tage werde ich von dieser Wahrheit mehr und mehr überführet. Das zum Nutzen hiesiger Landesunterthanen wieder hergestellete Landgestüte ist von solcher Einrichtung, daß kein Füllen im ganzen Lande fält, welches ich nicht im Herbst zu sehen bekomme. Durch fremde Hengste darf ein Bauer seine Stute bedecken lassen, und dennoch zehle ich in diesem Jahre einige dreißig von fremden Hengsten gezeugete Füllen, bey deren Untersuchung gemeiniglich entweder ein Hengst eines Karrenführers, oder ein anderer, der mit auf Reisen war, der Vater ist, indem sich selbiger des Nachts seines Halfters entlediget, und die Stute heimlich bedecket hat. Es ist nicht meine Meinung, daß man den Bescheler, gleich diesen zuvor erwehnten Hengsten, täglich quäle und ab arbeite; sondern ich verlange, daß sie ihrer Natur gemäß arbeiten sollen. Es ist und bleibt der Natur des Pferdes zuwieder, immer zu fressen, und nicht zu arbeiten. Alle Künsteleyen mit denen Beschelern sind Dinge, die gar nichts taugen, man gebe ihnen die nöthige Fourage, und lasse sie arbeiten, in der Beschelzeit setze man die erforderliche Fourage zu, und lasse die Arbeit so dann nur darin bestehen, daß sie zu der Bewegung des Beschelers gereichet; ist der Bescheler alsdann von Natur zu einem Bescheler tüchtig, so wird er auch Füllen genug zeugen,

zeugen, wo nicht, so wird weder Ruhe, noch
Futter, oder Medicin ihn erblich und zu einem
Bescheler tüchtig machen. Die Senner Stuten werden mit dem Alter von fünf Jahren
zum ersten mahle bedecket, und so wird mit
ihnen fortgefahren, bis sie dreißig und mehr
Jahre haben. Es wird keine Stute gelte gelassen,
sondern sie werden alle Jahre sämtlich bedecket,
und man lässet es auf das gute Glük ankom-
men, ob die Stuten zukommen oder nicht?
Es wird manchem sehr unglaublich scheinen,
daß eine Stute in ihrem dreißigsten Jahre ein
Füllen werfen soll, und dennoch sind die Senner Stuten solcher Art, wovon ein jeder in
dem Gestüte augenscheinlich überführet werden
kan. Einige werden auch dafür halten, daß
man die Stuten mit dem vierten Jahre ihres
Alters schon könne bedecken lassen, wie denn
diejenigen, welche von den Gestüten weit-
läuftig geschrieben, theils der Meinung sind,
daß man eine Stute schon als dreyjährig bedecken

cken könne; allein, ob ich gleich dieser Meinung nicht wiedersprechen will, so muß ich doch bemerken, daß es bey denen Sennern nicht thunlich ist. Sie sind mit dem 6ten, ja größten Theils 7ten Jahre erst ausgewachsen, daher man vor dem 5ten Jahre nicht daran gedenken darf, eine junge Stute bedecken zu laßen; und man solte oft noch ein Jahr damit warten, welches aber eben nicht geschiehet, indem gemeiniglich die ersten Füllen ohnedem nicht die besten sind.

Wenn eine Stute zum erstenmahl bedecket wird, bekömmt sie einen Namen, wie man bekantermaßen die Pferde in den Marställen auch mit Namen zu belegen pfleget, um sie wegen der großen Anzahl zu unterscheiden. Mit diesem Namen werden sie sodann in das Beschelregister unter die Anzahl der bedeckten Stuten geschrieben. Dieses Beschelregister, wovon der Herr Zehentner in seinem Unterricht von der Pferdezucht erwehnet, daß es damahls durch

durch einen Jäger geführet sey, führe ich selbst, um den Abstamm eines Pferdes desto richtiger und genauer bestimmen zu können. Aus dieser gemachten Erzehlung von dem Gestüte und dessen Unterhaltung wird es einem jeden sehr bald in die Augen fallen, daß es eine wahre Revenüe ausmacht, welche ungleich größer als die aus einem zahmen Gestüte seyn muß. Die Berechnung davon findet sich bey dem Herrn Zehntner, in eben erwehntem Unterricht in der Pferdezucht, im sechsten Capitel. So wie aber die Anzahl der Stuten jetzt geringe ist, so ist auch die Einnahme davon nach dem Verhältnis nothwendig herunter gefallen, und weil jetzt keine Pferde verkaufet werden können, um das Gestüte zu erweitern, so bringet es auch nicht die Kosten der Unterhaltung des Gestütes auf.

Ich muß hier auch der Unglücksfälle, welchen dieses Gestüte ungleich mehr als ein zahmes ausgesetzt ist, gedenken. Verschiedene ne Stuten gehen entweder selbst oder doch ihre Frucht durch Verhitzung verlohren, wenn sie im heißen Sommer nach dem Wasser laufen. Verschiedentlich betrift dieses Schicksal ein Füllen in der Geburth, weil man ihm nicht zu Hülfe eilen kan, wovon ich ein Beyspiel anführen wil. Im Monath May dieses Jahres meldete mir der Stutenwärter, daß eine trächtige Stute, welche der Zeit nach werfen müsse, sich beständig in der Dickenung aufhalte; sie ließe aber niemand bey sich kommen. Zwey Tage darauf zeigete er wieder an, die Stute habe diesen Ort verlassen, und geworfen; das Füllen sey aber verlohren, und man könne auch nicht die Spur, wo es geblieben, davon finden, ob man sich gleich alle Mühe deshalb gegeben, und diese Dickenung durchgesuchet habe. Es hat auch hiernächst nichts weiter davon in Erfahrung gebracht werden können. Wir haben Beyspiele, daß eine Stute in einem schmalen Graben auf den Rücken gefallen, und, da sie

sie sich, weil sie die Füße nicht hat an die Erde bringen können, weder selbst helfen, noch auch weil man es nicht gewust, ihr geholfen werden können, gesundes Leibes crepiret ist. Manches junges Pferd gehet durch die häufig bey ihm seyende Würmer verlohren, welchem Uebel ich aber durch Präservativmittel abzuhelfen mich äußerst angelegen seyn lasse. Anderer Unglüksfälle nicht zu gedenken, welche sich wegen ihrer Mannigfaltigkeit nicht alle erzählen lassen.

Bekanntermaßen erkennet man, ob eine Stute trächtig sey oder nicht, daran, daß sich das Füllen, wenn es über die Hälfte ist, bey der Stute reget, wenn sie säuft, und dieses ist das Zeichen, dessen wir uns bedienen; ob aber eine junge zum erstenmahl bedeckte Stute zugekommen sey, davon können wir weit mehr Nachricht haben, welches bemerkenswerth ist. Eine solche junge Stute, wenn sie trächtig ist, verlässet sogleich ihre Gesellschaft, und gesellet sich zu alten tragenden Stuten, die sie auch willig aufnehmen. So wunderbar dieses auch scheinet, so sehr ist es der Wahrheit gemäs. Ueberhaupt kan man sich die Treue und Liebe, welche zwischen den Stuten herrschet, nicht vorstellen. So schwer es ist, die Stuten von einander zu trennen; so gefährlich würde es seyn, eine fremde Stute unter die Senner zu jagen: denn sie würde gewiß nicht lebendig wieder zwischen ihnen heraus zu bringen seyn; daher man auch die Anzahl der Stuten auf keine andere Weise vermehren kan, als durch Stuten, welche in diesem Gestüte gefallen sind.

Zum Beschlus wil ich noch der Pflichten des Stutenwärters Erwehnung thun. Der Stutenwärter ist mit seinen unter sich habenden Knechten schuldig, täglich in dem Walde zu untersuchen, ob sich auch etwas schadhaftes im Gestüte befindet. Wenn das ist, so muß er die kranke oder beschädigte Stute entweder allein oder in Gesellschaft der übrigen nach Lopshorn zu treiben suchen, und nachdem die

Kranke

Kranke von den übrigen daselbst abgesondert ist, lässet er die Gesunden wieder ihre Straße gehen. Diesen Vorfal mus er mir ohne Verzug anzeigen, worauf ich das Nöthige zu der Wiederherstellung der kranken Stute besorge. Wenn auch gleich alles gesund ist, so muß doch der Stutenwärter alle Sontag früh vor der Kirche mir davon Nachricht geben, und mir in jeder Woche schriftlich einhändigen, wie viel Futter im Winter verbraucht sey. Zugleich ertheile ich ihm bey der zu der Zeit eingefallenen Witterung den Befehl, ob und wie viel etwa denen Stuten an Futter zu reichen ist, wobey ich mich vorzüglich nach der Kälte und dem gefallenen Schnee richte. Es verstehet sich von selbst, daß sich das Wetter oft schleunig ändert, daß der gegebene Befehl alsdenn aufhöre, und der Gestütwärter nach seiner Beurtheilung zusetzen oder abnehmen muß, wovon ich bey dem nächsten Rapport jedesmahl benachrichtiget werde, und untersuchen kan,

ob

ob er recht oder nicht gehandelt habe. Wenn Ihro Hochgräfl. Gnaden, mein gnädigster Herr, das Gestüte zu sehen geruhen wollen, so wird der Gestütwärter hievon acht Tage zuvor benachrichtiget, denn so viel Zeit wird dazu erfordert, das Gestüte zu versammlen, und alsdann mus das Gestüte auf dem vor Lopshorn liegenden Stutenkamp, oder nach Beschaffenheit der Umstände in den Ställen versammlet seyn, ohne daß das geringste fehlet, widrigenfalls der Gestütwärter davor angesehen wird. Bey dieser Beschäftigung ist er angewiesen, diejenigen Stuten, welche sich am weitesten von Lopshorn zu entfernen pflegen, zuerst herbey zu holen, und diejenigen, welche er allemahl finden kan, bis auf den letzten Tag gehen zu lassen. Wenn der Stutenwärter bey der Untersuchung des Gestütes findet, daß eine oder die andere Stute fehlet, so muß er sofort sich bemühen ihr nachzuspüren, ob sie entlaufen sey? Findet er hievon eine Spur oder

die Senner Stuten zu bedecken.

Nachricht, so muß er ohne Zeitverlust selbiger nacheilen, bis er sie wieder gefunden hat; nach der Zurükkunft aber muß er seine Abwesenheit und die Ursache davon anzeigen. Wenn er von einer etwa entlaufenen Stute keine Spur findet, und auch keine Nachricht einziehen kan, so mus er deren Verlust sogleich melden, um die nöthigen Mittel ergreifen zu können, die verlohrne Stute wieder zu bekommen.

Anhang.

Man hat mir allerley Beschreibung und Abschilderung von den wilden Thieren, die hier fallen, gemacht, ehe ich zu dem Posten, den ich jetzt bekleide, berufen war. Einige gaben solche als heßliche, aber dabey desto braver an; andere tadelten nur einen Theil an denselben, als z. B. einen gar zu langen Kopf: lobten hingegen die übrigen Theile, als solche, welche dem Verhältnisse gemäs und ohne Tadel wären; noch andere schilderten ihre innerliche Beschaffenheit auf das heßlichste. Man hielte sie für boshafte, widerspenstige, ungelehrige und wütende Pferde; doch sagte man auch zugleich, daß es einige gäbe, welche so from wären, als man es wünschen könte.

Durch

Durch diese falsche Begriffe, welche man sich noch gröſten Theils von dieſen Pferden machet, wurde ich, weil ich ſie ſelbſt nicht anders, als aus der Beſchreibung des Herrn Zehentner kante, irre gemacht, und wuſte nicht, welchem ich hierin Glauben beymeſſen ſolte, bis ich Zeit meines Hierſeyns mit allem Fleis die Senner genau zu kennen mich bemühete. Ich habe deren eine ziemliche Anzahl ſowol im Marſtall als Landgeſtüte, ſowol Hengſte als Stuten und Wallachen, junge und alte, geritten, ſo daß ich mir eine genaue Kentniß davon erworben habe, welche ich jetzo denen Liebhabern der Pferdezucht getreulich mitzutheilen entſchloſſen bin. Der Herr Zehentner, den ich bereits verſchiedentlich angeführet, hat nicht unrecht, wenn er dieſes Geſtüte unter die vorzüglichſten in Teutſchland zählet, welches die daraus fallende Pferde, nicht nur wegen ihrer unglaublichen Dauer, ſondern auch wegen ihrer vortreflichen Leibesgeſtalt bezeugen. Ich will ſie

ſo-

sowol der innerlichen als äußerlichen Beschaffenheit nach schildern. Von dem ersten kan sich ein jeder augenscheinlich, von dem letztern aber durch den Gebrauch eines solchen Pferdes satsam überführen.

Was das erste betrift, so sind sie meistentheils höher als ein mittel Pferd, und ich habe etliche, welche über 17 Faust hoch sind. Sie sind fast durchaus fein vom Kopfe, und wenn auch ein oder anders eine Ausnahme davon machte, so sind hingegen sehr viele Schafsköpfe darunter, wovon einige so stark gebogen sind, daß sie heslich werden würden, wenn sie es stärker wären. Es ist wahr, daß in den Jahren von 1740 bis 1756 einige Füllen mit entsetzlich langen Köpfen gefallen sind; allein diese sind auch zusamt mit dem Bescheler aus dem Gestüte wieder fortgeschaffet. Der Hals ist an allen diesen Pferden lang und schön, und man findet nicht einen, der einen von den Fehlern, welche sich an einem übelgemachten Halse

Anhang. 63

se oft befinden, hat. Ein ausnehmendes Verhältniß findet sich an ihren Leibern, welche vortreflich geschlossen sind. Die Crupen und die Brust sind ohne Tadel, und die Schultern sind leicht und sehr beweglich. Der Rücken ist gerade und von großer Stärke. In denen Mähnen und dem Schweif ist ein starker Wachsthum, so daß jene bis auf die Knie herunter wachsen, wofern sie nicht ausgerissen werden. Die Schenkel, als die vorzüglichsten Theile eines Pferdes, sind stark, trocken und von allen Fehlern, welchen sie unterworfen seyn können, entfernet; wie denn die hinter dem Schienbeine herunter gehende Sehne von dem Knochen dergestalt abgesondert ist, daß man nichts schöneres sehen kan. Kurz, den größesten Haufen kan man schön, die wenigsten mittelmäßig, alle aber gut nennen. Verschiedene von diesen Pferden, wenn sie coupiret sind, wird der gröste Kenner für Engländer halten, wenn der Brand ihr Geschlecht nicht verriethe. Ich unterwer-

E se

se mich bey dieser Schilderung nicht dem Urtheile derer, welche die Untersuchung an einem oder dem andern, die vor diesem aus dem Gestüte verkauft sind, deshalb anstellen wollen; denn es sind deren sehr wenige, und wenn man die Pferde noch selbst zu nöthig hat, giebt man nicht die vorzüglichsten weg. Daher es leicht seyn kan, daß der eine oder andere Theil an solchen Pferden der Schilderung nicht gemäs sey; allein so viel ist gewis, daß man doch die meisten und vorzüglichsten Theile meiner Beschreibung gemäs und ohne Tadel in Ansehung der Güte finden wird. Wer hievon überzeuget seyn will, der sehe die Pferde in hiesigem Marstall, die Füllen im Gestüte und zu Lopshorn; so wird er finden, daß ich die lautere Wahrheit geschrieben habe. Was das Innerliche dieser Pferde betrift, welches auf ihr Humeur und Dauer abzielet, will ich weitläufiger entwickeln, um destomehr, da diese Stücke bey der Abrichtung derselben den größesten

Ein-

Anhang.

Einfluß haben, und es zum Theil den Herren, welche sich Kunstverständige oder wohl gar Bereiter zu nennen belieben, sehr daran fehlet, daß sie das Humeur und die Kräfte eines Pferdes nicht genau untersuchen, und daher noch weniger urtheilen, wie sie am bequemsten, ohne dem Pferde zur Last zu fallen, zu ihrem Zweck gelangen können. Es wird einem jeden, der ein solches Pferd zu reiten bekomt, nicht unangenehm seyn, eine vorhergehende Nachricht von dessen Humeur zu haben, und er wird, wenn er seine Kunst und Geschicklichkeit damit vereiniget, dasjenige in der Kürze vollenden, wozu er sonst einige Monate mehr Zeit gebrauchen müste: denn ein Senner kan durch eine Strafe, welches fast unglaublich ist, auf einige Monate zurückgesetzt werden, so schwer vergessen sie selbige; und wird diese Strafe wiederholet, so stehe ich nicht dafür ein, daß er jemahls gehorsam werden wird.

Vor dem fünften Jahre sind diese Pferde matt und kraftlos, auch oft ungestalter, so daß man bey Ankaufung eines solchen Pferdes sich sehr bedenken würde, wenn man die Veränderung, welche mit ihnen nach diesem Alter vorgehet, nicht wüste. Es gehet diese Veränderung so weit, daß ich bey meiner Hierkunft mich weigerte, für ein vierjähriges Pferd, welches ich in Commission erhandeln solte, 20 Louisd'or zu bezahlen, da es doch nachher, als es sechs Jahr alt war, mit 50 Louisd'or bezahlet wurde. Dem Besitzer ist es jetzo sowol wegen seiner Schönheit als übrigen Tugenden nicht für das Doppelte des Einkaufes feil. Man hat ein Kennzeichen, wovon man fast mit der untrieglichsten Gewißheit sagen kan, ob das Pferd schön wird oder nicht, und dieses bestehet darin; daß man acht haben muß, wie das Füllen beschaffen ist, wenn es sechs Wochen die Welt gesehen; ist es alsdenn schön, so wird es nach dem fünften Jahre wieder schön;

und

und wenn es auch in der Zwischenzeit noch so
heßlich ist. Ist es aber in dem Alter von sechs
Wochen nicht schön, so wird es auch nach
dem fünften Jahre nicht schön werden. So
kraftlos diese Pferde vor dem fünften Jahre
sind, so menschenscheu und furchtsam sind sie
auch, welches man, wiewol mit Unrecht, für
boshaft hält. Das ist gewis, wenn man ihre Händel, welche sie oft bey der Arbeit machen, für Bosheit hält, da es gewis nur
Furchtsamkeit ist, und man sie bestrafet; so
werden sie wirklich boshaftig, und alsdenn
bleibt kein Mittel übrig, was sie nicht ergreifen, sich dem Reiter zu widersetzen. Hauen,
Beißen, Schlagen, Steigern und sich Nieder-
legen sind ihre Kunstgriffe, mit welchen sie ab-
wechseln, und den Reiter ermüden; ihre Wuth
gehet so weit, daß der Reitknecht, welcher sie
zu warten hat, Lebensgefahr dabey ausstehet.
Dahingegen, wenn man sich nur vorstellet, daß
alles bey ihnen Furchtsamkeit ist, und wenn man

sie

sie gelinde und mit Güte behandelt, so werden
sie gar bald thätig und gehorsam, ja nach Verlauf einiger Zeit so getreu, daß man alles mit
ihnen machen kan. Mein Endzweck ist nicht,
ein Buch zu schreiben, wie man ein junges
Pferd abrichten sol; sondern ich will nur die
Art erzählen, wie man einen jungen Senner
am besten behandeln, und ihn am geschwinde-
sten thätig zu machen im Stande ist. Ein jeder Bereiter ist erfahren genug, wie er mit einem jungen Pferde umgehen sol; wenigstens
glaubt er es, und ich will ihm auch seine Kunst
nicht streitig machen, noch weniger aber mich
in ein Feld wagen, wovon schon manches nütz-
liches Werk, aber noch mehr unnützes und un-
gereimtes Zeug geschmieret ist. Eben diese
vielen von der Reiterey geschriebenen Bücher,
welche bereits eine ganze Bibliothek ausmachen,
sind die Ursache, daß oft jemand, wenn er diese Kunst unter einer lebendigen Anweisung
lernte, ein guter Bereiter werden könte; nun

hin-

hingegen, da er lieset, und sich zu Pferde setzet, um das Gelesene auszuüben, seine Pferde verdirbt und gar nichts lernet. Es giebt Leute, welche alle nur ersinnliche Bücher vom Reiten vollkommen inne haben, und den besten und geschicktesten Reiter mit der Mund zu Grund und Boden reiten, ja denen die Kunstwörter aus dem Munde fliegen, wie die Spreue von dem Rocken; sobald sie aber zu Pferde steigen, so kan man ihre Kunst ohne Lachen und Mitleid nicht ansehen.

Sie arbeiten ihre Pferde lahm und krüplicht, und die Führung ihrer unbarmherzigen Faust, da sie doch von nichts lieber als einer leichten Hand prahlen, macht das arme Thier unempfindlich und endlich gar boshaft. Ich tadele das Lesen nicht, sondern bin vielmehr selbst ein großer Freund davon; nur bin ich der Meinung, daß, wenn es nützen soll, man nicht etwa einige Monathe, sondern einige Jahre, einen treuen und geschickten Lehrer gehabt, selbst fleißig gearbeitet haben, und dessen Anweisungen blindlings gefolget seyn muß. Hernach wird das Lesen guter Bücher ihm allerdings zum Nutzen, und zur Gelegenheit, seine Kunst zu erweitern, gereichen. Ein jeder rechtschaffener Kunstverständiger klaget über den Verfall der Reiterey und der Pferdezucht. Sie haben auch nicht Unrecht; indem ein jeder Reitknecht bey den Marställen einen Bereiter spielet, und zu den Bereitern suchet man auch nicht allemahl solche aus, die ihre Kunst verstehen, sondern sie werden durch Canäle zu diesem Amte erwählet. Es ist kein Wunder, wenn also die Reiterey abnimmt, und wenn man so viel dummes Gewäsche lieset. Wie aber auch in einem jeden Fache Neuigkeiten entdecket werden; so geschiehet es auch bey der Reiterey, und diese will man entweder aus Eigenliebe oder aus allzuweniger Einsicht verachten. Was für lächerliche und ganz wider alle Vernunft streitende Beurtheilung habe ich nicht

über

über den Sitz nach der Balance, welcher bey der Chur-Hannöverischen Cavallerie eingeführet ist, mit Verwunderung angehöret, und keiner hat sich das Gute davon zu untersuchen bemühet. Wie mir hiervon eine Erzählung gemacht, und die Stellung eines nach der Balance sitzenden Reiters ziemlich comisch vorgestellet wurde, war ich sehr verlegen, ob ich dem Erfinder hiervon Glück wünschen oder ihn bedauren solte. Ich konte dieser Erfindung um so weniger beypflichten, wovon auch eigentlich nichts abhing, weil mein gewesener Lehrer, welcher dort mit Recht für einen der geschicktesten Reiter zu halten ist, und welcher mir seine Wissenschaft treulich mitgetheilet, von diesem Sitz nichts gesaget hatte. Dieser würdige Mann, dessen Geschicklichkeit, Treue und fleißige Anweisung, die er auch in Ansehung meiner bewiesen, verdienet einen öffentlichen Dank, welchen ich ihm allezeit schuldig bin. Es ist und bleibt gewiß ein wahrer Verlust für die Reiter, daß ein solcher Mann nicht über einen Marstall eines großen Herren gesetzet ist, wo die Menge verschiedener Pferde, und eine Anzahl Bereiter unter seiner Aufsicht arbeiten müsten. Ich bin überzeuget, daß man nichts vollkommener, als eine solche Manege würde zu sehen bekommen. Dieser Mann, von welchem ich rede, ist der Herr Stallmeister Ayrer zu Göttingen. Wiederum auf den Sitz nach der Balance zu kommen. Meine Begierde und Leidenschaft für die Reiterey trieben mich an, mich in diesem Sitz unterrichten zu lassen. Ich that eine Reise darum, ließ mich unterrichten, und fand zu seinem Endzweck viel Gutes dabey. Der feste Sitz verliehret hierdurch nichts, sondern ist und bleibt zu seiner Zeit unentbehrlich.

Durch den losen Sitz, da der Reiter angewiesen wird, sich in der Balance zu erhalten, werden die Sehnen des Reiters ohngleich mehr ausgedehnet, als wenn er selbige zum Druck an-

anstrenget, und sie gleichsam zusammen ziehet. Je mehr aber die Sehnen des Reiters ausgedehnet werden, je schwerer wird seine Stellung auf dem Pferde seyn. Kömmt es, daß es Noth thut, und das Pferd springet, so wird er die Knie von selbsten zusammen drücken, und die Balance, woran er gewöhnet ist, vereiniget mit dem Drucke der Knie, wird den Reiter weit eher auf dem Pferde erhalten, als er es durch den Druck der Knie allein wird zwingen können, zumahl wenn der Körper schief und krum im Sattel lieget. Auf solche Art betrachtet, wie denn der Sitz in Balance so angesehen werden muß, ist und bleibt er vortheilhaft. Zu geschweigen, daß ein jeder Reuter auf Märschen allemahl seinen vesten Sitz verläßet, und sich ganz bequem dem Pferde auf den Rücken hängt, ist er der Balance gewöhnet, so wird er seinem Pferde nicht so beschwerlich fallen, als durch den natürlich losen Sitz, bey welchem der Leib hin und her wanket,

ket, und er dadurch sein Pferd verwundet. Durch diesen Sitz, und diese Art einem Reiter eine schöne Stellung zu geben, ist also nicht so sehr zu tadeln, als der erbärmliche Unterricht, welcher oft den Leuten darin gegeben wird. Ohne Mitleiden habe ich es nicht ansehen können, wie oft ein Dragoner oder Reiter den andern auf dem Pferde gemartert hat. Der Reitende muste sich auf dem Pferde so stark durchbiegen als möglich, die Beine dem Pferde in die Flanken hängen, seinen Kopf aber fast dem Pferde auf die Crupe legen. Es ist also kein Wunder, daß ein jeder, der es siehet, und die wahre Meinung erkennet, einen Abscheu für solcher Reiterey bekommt. Es ist ein großer Unterschied, selbst etwas wissen und thun können, und einen andern lehren. Es führet mancher sein Pferd sehr artig; er ist aber nicht vermögend, es einem andern zu lehren: und im Gegentheil hat dieser oder jener die Gabe, andern etwas deutlich zu machen;

er

er ist aber selbst in der Ausübung schwach. Beydes muß zusammen seyn, im Fall aber etwas fehlet, würde ich den letztern zum Lehrer wählen. Man gebe mir Acht, ob nicht der größeste Theil der Bereiter eine Correctionsformul haben, die sie bey allen Fehlern herbeten, ohnerachtet sie oft selbst nicht wissen, woran der Fehler lieget. Allein ich entferne mich zu weit von meinem Vorhaben. Ich habe bereits angeführet, daß ein Senner vor dem 5ten Jahre kraftlos sey; deswegen genießen sie nach dem vierten Jahre noch eine Weide zu Barenholz, und nach derselben werden sie zu ihrer Bestimmung in den hiesigen Marstall geführet. Hier zeiget sich bey dem Einhälftern gleich die erste Gelegenheit, daß sie sich aus Furcht vor denen Menschen entsetzlich wiedersetzen. Inzwischen bleibt doch kein anderer Weg übrig, es ist auch nichts sicherers als sie in einen Stall zu jagen, und darin zu suchen, daß man ihnen halb mit List, halb aber mit Gewalt einen hanfenen

Half=

Halfter über den Kopf bringet, an deren Naseband zu unterst zwey Stricke befestiget sind. Wenn sie alle eingehalftert sind, reitet ein Reitknecht voraus, und jedes junges Pferd wird durch zwey Leute zu beyden Seiten an den an der Halfter befestigten Stricken ganz lang geführet. Die Leute, welche die Pferde führen, müssen sehr behutsam damit umgehen, und allemahl Acht geben, daß, wenn ein Pferd in den Halfter schießet, sie bey Zeiten nachgeben können, damit es keinen Zwang verspühret; wiedrigenfalls fängt es gewis an sich zu wiedersetzen, und sich seiner Führer zu entledigen, wobey gemeiniglich das Pferd selbst oder ein Mensch Schaden leidet. Es gehet auch selten ein Herbst vorüber, daß nicht einer oder der andere bey dieser Gelegenheit verwundet würde, indem noch in diesem Herbste ein $1\frac{1}{2}$ jähriges Füllen einen Kerl so zugerichtet hatte, daß er vor tod nach Hause gebracht wurde. Was ist also nicht von 4 jährigen Pferden zu

ver-

vermuthen? Wenn sie auf diese Weise in den Marstall geführet sind, so werden sie zum ersten mahle an die Krippen befestiget, welches ihnen auch mißfällt, und sie fangen allerley Muthwillen an, um sich los zu machen. Weil sie bey dieser Gelegenheit auch sehr fleißig sich in den Halfterstrángen verwickeln, so behalten sie den hanfenen Halfter so lange, bis sie sich zugegeben haben, um im Nothfall die Stricke abschneiden zu können, welches bey Kettensträngen nicht wohl thunlich ist, und lederne reißen sie gar leicht in Stücken. Das Futter, welches ihnen den ersten Tag gereichet wird, nehmen sie sehr willig an, indem sie durch den Weg, welchen sie von drey Meilen auf steinigtem Boden machen müssen, ermüdet sind; kaum aber haben sie sich hiervon erholet, so fangen sie an scheu zu werden, und der Reitknecht, welcher ihnen das Futter reichet, muß sich wohl fürsehen, daß er nicht geschlagen oder gebissen wird. Es geschiehet dieses Wiederse-

ßen,

ßen, wie ich schon mehr erwehnet habe, aus Furcht vor den Menschen, wovon dieses der Beweis ist: wenn sich ihnen jemand nähert, so springen sie zur Seite, und suchen sich von ihm zu entfernen; können sie aber nicht weichen, so suchen sie ihre Hülfe im Schlagen oder Beißen. Ueberdem lehret die Folge gar bald, daß in ihnen von Natur keine Bosheit stecket, weil sie, so bald sie den Menschen als ihren Gutthäter erkennen, diese Laster sogleich ablegen, und ihm getreu werden. Findet sich jemand, der es mit seiner Bosheit zu weit treibet, so lasse ich ihn Hunger und Durst leiden, und darneben an dem Schlafe hindern, bis er jemand zu sich kommen lässet. Dieses ist für einen Senner das beste Mittel, um ihm anfänglich den Gehorsam beyzubringen, weil er durch eine am Leibe empfindliche Strafe gar nicht wil behandelt seyn. Um ihm die Furchtsamkeit bald zu benehmen, und ihn fromm zu machen, muß der Reitknecht, je öfterer je besser, fer, ihm aus der Nebenstreue eine Hand voll Heu reichen, welches er anfänglich anzunehmen sich weigert, und den Reitknecht unverrichteter Sache wieder weggehen lässet. Nach Verlauf einiger Zeit mus er dieselbe Probe noch einmahl machen, und so lange fortfahren, bis ihn der Hunger quälet, da er wie ein Pfeil auf das Heu los schießet und es wegreist. Hierauf redet ihm der Knecht zu, gibt ihm gute Worte, und wiederholet seine Güte gegen das Pferd durch abermalige Darreichung einer Hand voll Heu, womit er so lange fortfähret, bis es überzeuget wird, daß ihm nichts Leides wiederfähret, und das Heu langsam und gelassen annimmt. Auf gleiche Weise wird ihm das Wasser zum Saufen vorgehalten, welches es auch nicht sogleich annimmt. Mancher würde den Eymer vor ihm nieder zu setzen und davon zu gehen gedenken, in der Meinung, daß, wenn das Pferd durstig würde, es wohl saufen würde. Zu Zeiten gelinget

get dieses auch; bey einem sehr scheuen Senner wil ich es aber nicht rathen. Der Eymer ist ihm ein ganz unbekanter Gegenstand: denn zuvor wurde er in den Hof zu Varenholz gejaget, wo er aus einem Wasserbehältnis sof. So bald also ein Eymer vor ihm niedergesetzet wird, fliehet er schnarchend schnell zurück, und läuft schon Gefahr sich zu beschädigen. Wenn der Eymer auch nicht bald entfernet wird, so hauet er selbigen in kleine Stücken, und es verursachet überdem mehr Mühe, den Eymer wieder weg zu nehmen, als es macht, ihn hin zu setzen; daher der sicherste Weg ist, daß der Reitknecht, welchen das Pferd immer um sich siehet, ihm den Eimer aus der Nebenstreue vorhält, und so verfähret, wie er es mit dem Heu machte, so wird es gar bald saufen. Nächstdem mus der Reitknecht, um ihm näher zu kommen, es in seiner eigenen Streue futtern, wozu er am besten von vorne gelanget, indem es allemahl unsicher ist, zu einem jungen

gen Pferde, welches überdem wild und scheu ist, von hinten her zu gehen, wenn man auch gleich die Vorsicht gebrauchet, daßelbe zuvor anzureden. Jedesmahl, wenn der Knecht zu ihm kömmt, muß er ihm etwas reichen, und es dabey schmeicheln, wodurch es endlich eine vertrauliche Zuneigung zu ihm bekömmt, und ihn gerne um sich siehet. Das Pferd wird auch bald durch das anhaltende Schmeicheln mit der Hand zugeben, daß ihm der Reitknecht an den Kopf kommen und es mit dem Wisch=tuch abwischen darf. Bezeigt es hierbey keine Furcht, so greift der Reitknecht zu einer Bür=ste und Strohwisch, und putzet es damit. Von diesem schreitet er zu einer alten stumpfen Striegel, und endlich zu einer gewöhnlichen. Bey allem diesen darf er nicht vergessen, sehr fleißig an die Füße zu kommen, und ihm selbi=ge aufzuheben zu suchen, damit es sich zum Be=schlagen gewöhne. Wenn das Pferd sein al=zuwildes Wesen einigermaßen abgeleget hat,

F 2 wel=

welches in einigen Tagen zu geschehen pfleget, so wird es an der Halfter zu seiner Bewegung im Reithause herum geführet, wobey man den Vortheil erlanget, daß es dieses Haus, wofür ein junges Pferd gemeiniglich Scheu träget, kennen lernet. Bey allem diesen wird das Pferd von Tagen zu Tagen ruhiger und frömmer, so, daß man nach Verlauf von vierzehn Tagen ihm forne Eisen unter zu legen sicher wagen kan. Ich rede hier von dem, wie sich diese Pferde gemeiniglich aufzuführen pflegen, wovon es allerdinges auch Ausnahmen giebet: denn bey einigen brauchet man nicht so viel Weitläuftigkeiten, bey andern hingegen desto mehr, und ein Kunstverständiger mus dabey zu und abnehmen. Der Beschlag ist dem Pferde wiederum etwas Neues, und alle ihm unbekante Sachen jagen ihm auch neue Furcht ein, die aber doch jedesmahl gemäßigter ist, und geschwinder vorüber gehet. Den durch die Furcht vor dem Beschlagen entstehenhenden Händeln suchet man nicht mit Gewalt, sondern durch Gelindigkeit und folgende Anstalten vorzubeugen. Die vordersten Streuen in denen hiesigen Ställen sind rechter und linker Hand mit fünf Fuß hohen Brettern abgesondert, worüber ein vier Zoll dicker runder Riegel lieget. Unter diesem Riegel sind zwey Löcher gebohret. Wenn ein Pferd beschlagen werden soll, es sey nun jung oder alt, so wird es an diese Streue geführet, so daß der Kopf auf dem Riegel ruhet. Nächstdem werden die an der Halfter befindlichen Stricke durch die Löcher gezogen und an dem Pfeiler dieser Absonderung befestiget. Hier kan das Pferd weder in die Höhe, noch vorwärts oder zurük kommen. Ist das zu beschlagende Pferd ein solches, wovon hier die Rede ist, und es ist auf vorbeschriebene Art angebunden, so wird es mit beständigem Zureden, Schmeicheln und Vorhalten eines Haberfutters, welches letztere ihm das angenehmste ist, unterhalten, bis ihm die vordersten Eisen fest sind: denn an den Beschlag der Hinterfüße wird alsdann erst gedacht, wenn es erst vollkommen thätig ist. Bey diesem Verfahren hat noch niemahls weder Pferd noch Knecht Schaden genommen, und alle hier befindliche Senner lassen sich recht gut und willig beschlagen. Nach dem Beschlag wird der Anfang gemachet, das

F 3

Pferd

Pferd zu gewöhnen, an der Longe zu laufen. Anfänglich knüpfe ich die Longe an die Halfterstricke, und suche es auf die gelindeste Weise an der Halfter in einem Cirkel herum zu treiben, wobey ich ihm nach Verlauf einiger Tage einen Capzaum, ohne selbigen noch zu gebrauchen, auflegen lasse, damit es den Zwang desselben nach und nach gewohnt werde, bis ich mich dessen auch gewöhnlichermaßen bedienen kan. So geringe diese Arbeit ist, so hat man sich doch dabey sehr vorzusehen, daß man die Longe, so bald das Pferd, welches sehr häufig vorfällt, einen Seitensprung thut, gleich nachläßet, damit es keinen Zwang oder Stoß auf der Nase verspühre; sonst ist es mit der Peitsche nicht leicht wieder vorzubringen, sondern gehet immer über den Schenkel im Schrit herum, bis es endlich durch das Treiben der Peitsche boshaft wird, sich in die Höhe nimt und mit offenem Rachen auf die Peitsche und den, welcher die Longe führet, losgehet, da es sodann Zeit ist, sich geschwind in Sicherheit zu setzen, und solche Hülfsmittel zu ergreifen, die das Pferd besänftigen. Bey jedem Vorfalle rathe ich als das allgemeine sicherste Mittel an, die Güte zu erwählen, bis das Pferd erst vollkommen thätig ist, alsdenn kan man auch bey einem jeden Ungehorsam mit aller Zuversicht scharf strafen. Wenn diese

Ar=

Arbeit eine Zeitlang vorgenommen ist, so lasse ich in dem Reithause mit aller Behutsamkeit den Sattel auflegen. Damit aber nichts dabey verabsäumet werde, so geschiehet es allemal in meiner Gegenwart: denn obgleich die Reitknechte durch die Erfahrung davon genugsam unterrichtet sind, so wird aus Nachlässigkeit, oder einer übel angebrachten Herzhaftigkeit dennoch öftermalen etwas versehen, wodurch dem Pferde wider den Sattel ein Abscheu beygebracht wird, welcher von mehreren Folgen ist, als ein Reitknecht zuvor zu sehen im Stande ist. Steigbügel und Gurte müssen wohl auf den Sattel geleget seyn, damit das Pferd nicht durch einen Stoß von selbigen erschröcket und noch furchtsamer gemacht werde, und so wird der Sattel ganz leise auf das Pferd gelegt, und die Gurte herunter genommen, und loß zugeschnallet, so daß eben der Sattel nur bevestiget ist, wobey die Bügel auf dem Sattel liegen bleiben. Durch ein anfänglich zu starkes Gurten lernen junge Pferde, wie bekant, das Aufblähen. Es muß nunmehro auch eine Zeitlang gesattelt laufen, wobey man nach und nach die Steigbügel kan hangen lassen, wodurch es zum Stoß des Schenkels zubereitet wird. Zu dem Capzaum füge ich noch eine Wassertrense, damit das Pferd auch an das Mundstück gewohnet wird. Solchergestalt fahre ich so lange fort, bis daß es fünf Jahr alt geworden, da ich es sodann bestreiten lasse. Wie dieses geschehen muß, und was dabey vor Behutsamkeit anzuwenden ist, weiß ein jeder, weshalb ich es für etwas überflüssiges halte, davon weitläufig zu schreiben. Einige Tage nach einander lasse ich den Reiter blos auf und absitzen, und sodann das Pferd nur einige Schritte vortreten, endlich aber mit selbigem traben, ohne daß der Reiter dem Pferde einen Zügel darf spüren lassen, indem der einzige Endzweck ist, daß das Pferd soll tragen lernen. Nachdem lasse ich die Zügel kürzer fassen und der Reiter muß sich anfänglich der Capzaumzügel, nächstdem auch der Trensenzügel zugleich mit bedienen, bis es die Führung des letzten annimt, und sich ohne Longe reiten lässet. Wenn es so weit damit gekommen ist, so nehme ich ihm den Capzaum ganz weg und arbeite es vermittelst der Pilaren und der bloßen Trense, bis ich es nach dem sechsten Jahre zäume. Mit den zunehmenden Kräften lasse ich die auf Reitbahnen gewöhnliche Uebungen verstärken, welche alle Woche vier mal vorgenommen werden, bis es so weit ist, daß es von jedem ohne Besorgnis geritten werden kan. Es verstehet sich von selbst, daß die Pferde nicht immer auf der Reitbahn bleiben, sondern fleißig in das Feld geritten werden,

wel-

welches ein Senner ohnedem sehr liebet, um sie mit den vorfallenden Gegenständen bekant zu machen, und ihnen das scheue Wesen zu benehmen. Ein auf solche Art zugerittener Senner ist dem Menschen über alle maßen treu, und sowol wegen seines vortheilhaften Wuchses geschickt, als auch willig, alles zu thun, was man von einem Pferde erwarten kan. Ihr Gang ist sicher, leicht und angenehm; zum Laufen sind sie schnell, und wenn es auf das Springen über Hecken und Gräben ankömt, so wird es schwer fallen, eine Race Pferde zu finden, welche es ihnen hierin gleich thut. Man kan mit ihnen die schmalesten Fußstege an den höchsten Bergen heraufklettern, ohne das geringste zu befürchten, wie die Stuten bey den Jagten oft das Schicksal haben, daß sie mit dem Wildpret die gefährlichsten Wege mit gleicher Geschwindigkeit in denen Gebirgen laufen müssen. Es würde mir nicht schwer fallen, von der Güte dieser Pferde noch einige Blätter voll zu schreiben, wenn es meinem Vorsatze gemäß wäre, sie nach Verdienst zu loben. Der Ruhm, welchen der Herr Zehentner, ein so großer Kenner von Pferden, diesem Gestüte beygelegt hat, ist sehr groß; besonders da dieser fürtrefliche Mann keines Eigennutzes kan beschuldiget werden, dessen ich mich im Gegentheil sehr leicht verdächtig machen würde. Ich

Ich habe kurz zuvor erwehnet, wie ich die Senner, vermittelst der Pilaren, arbeite. Diese Art der Arbeit, welche auch mit Recht bey der Chur-Hannöverschen Cavallerie eingeführet worden, ist nicht neu, sondern bereits von dem Herrn Pluvinel erfunden. Der Herzog von Newcastel sowol als der Herr Gueriniere gedenken dieser Arbeit; jener tadelt sie, und dieser leget ihr ein wohlverdientes Lob bey. Wer deren Meinung genauer nachsehen will, der schlage die von dem Herrn Gueriniere herausgegebene Ecole de Cavalerie nach, wo er in dem ersten Theil im 13 Cap. beider Meinung und die ganze Arbeit finden kan. Diese Arbeit ist meines Wissens in Teutschland nicht üblich gewesen, und ich halte davor, daß man sich derselben mehr aus Mangel der Kentnis nicht bedienet, als daß man sie aus Gründen unterlassen hat. Die Art, welche, wie ich bereits erwehnet, bey der Chur-Hannöv. Cavallerie eingeführet ist, ein Pferd Schulternfrey zu machen, und es auf die Hanken zu setzen, ist die nemliche, wie sie der Herr Gueriniere beschreibet, nur mit dem Unterschied, daß dieser sich eines Capzaumes, und jener eines Mundstückes bedienen, wovon die letztere, wenn man sich derselben mit Behutsamkeit bedienet, der erstern noch weit vorzuziehen ist. Da diese Arbeit nicht sehr üblich ist, so ist sie auch nicht

allenthalben bekant. Ich will selbige derohalben beschreiben. Die Pilaren, zwischen welchen ein Pferd gearbeitet werden soll, sind etwa acht Fuß hoch, und stehen in einer auf allen Reitbahnen gewöhnlichen Entfernung von einander. An deren obersten Enden sind drey bis vier Reifen, ein Zoll tief und etwa zwey Zoll breit eingeschnitten, so daß ein Reif von dem andern ohngefehr sechs bis sieben Zoll von einander entfernet, und der unterste Reif über der Erde in einer vier füßigen Höhe geschnitten ist. Hierzu gehöret eine von zwey bis dreyfachen über einander geneheten und zwey Finger breiten Leder verfertigte Trense, worin ein Mundstück in der Dicke eines Stangengebisses zu beiden Seiten mit Knebeln und starken Ringen befestiget ist. Diese Trense ist, wie gewöhnlich, mit einem Stirnbande, welcher nur einfaches Leder zu seyn bedarf, und mit Kehlriemen und Schnallen versehen ist, so daß sie nach der Größe des Kopfes kürzer oder länger geschnallet werden kan. Statt der Zügel sind zwey ebenfals von dreyfachem Leder verfertigte Rieme, jeder mit zwey Schnallen versehen, welche mit dem einen Ende in einen von denen Reifen, welche in die Pilaren geschnitten sind, mit dem andern aber in den Ring des Mundstückes geschnallet werden. Außerdem wird noch eine leichte Chambriere, welche
sich

sich schnel bewegen lässet, erfordert. Sobald ein junges Pferd die Führung des Mundstückes anzunehmen geneigt ist, so schnalle ich es jedesmal, da es geritten werden soll, gleich anfangs in die Pilaren, und verfahre so, wie der Herr Gueriniere es mit dem Capzaume beschrieben hat. Anfänglich lasse ich die Zügel so stark anziehen, daß sie mit dem Mundstück eine gerade Linie machen, und ich erwähle nach der Größe des Pferdes den ersten, zweyten oder dritten Reif. Bey dieser Wahl muß man Acht haben, wie hoch das Pferd mit dem Kopfe, wenn es in die Höhe gearbeitet und gezäumet ist, vermöge der Länge und Stärke seines Halses zu stehen kömt, die Höhe von der Erde bis auf die Laden, wo das Mundstück ruhet, schreibet mir alsdenn die Höhe des Reifes, welchen ich wählen muß, vor. Stehet das Pferd auf diese Art zwischen denen Pfeilern, so suche ich es durch leichte und sanfte Hülfe in Bewegung zu bringen; und ich bin zufrieden, wenn es einen Fuß über den andern setzet, und diese Bewegung gegen das Mundstück machet, auch durch die Endigung meiner Hülfe gerade gegen dem Mundstücke stehen bleibt. Bey denen ersten Arbeiten komt man selten so weit, indem die Pferde gemeiniglich zurücktreten, und nicht gern gegen das Gebiß wollen. Hier kan die Geduld des Bereireiters auf die Probe gesetzet werden; fehlet diese, so will ich wohl rathen, diese Arbeit gegen eine andere zu verwechseln, wenn er nicht die Gefahr laufen will, die Pferde zu verderben, ehe er eines gut machet. Wenn ich so weit bin, daß das Pferd gegen das Gebiß arbeitet, so suche ich es beständig gerade zu erhalten, und in die Piaffe zu bringen, wodurch ich alsdenn schon gewonnen habe. Durch diese Piaffe, welche ich durch die Verstärkung der Hülfe immer feuriger mache, arbeite ich erstlich das Pferd in die Höhe; weil es den Kopf nicht herunter lassen kan, zweitens werden die Schultern bewegsam, und drittens erhalte ich mein Pferd gerade, welches eines der vorzüglichsten Sachen bey der Reiterey ist, und denen Pferden oft am wenigsten gefällt, daß sie auf gerader Linie gehen. Man wird finden, daß die Pferde, welche auf diese Art gearbeitet werden, endlich auf dem Mundstück spielen, und so, wie sie aus denen Pilaren genommen und geritten werden, frey und gerade, ohne daß der Reiter sie in die Höhe zu arbeiten nöthig hat, fortgehen. Hat man das Pferd so weit, so kan man ihm sicher etwas mehr Freyheit lassen, und selbiges durch Hülfe immer vortreiben, wodurch es sich nach und nach hinten setzet, und auf die Hanken gebracht wird, bis endlich die Pilarenzügel so lang gelassen werden kön-

nen,

nen, daß, wenn das Pferd gegen das Mundstück geht, die Gurte des Sattels und die Pilaren in gerader Linie sind. Die Zügel an den Pilaren dürfen nie höher geschnallet werden, als sie es von Anfang gewesen, wovon ich die Maaße angezeigt. Durch diese Arbeit kömmt man in drey Monathen mit einem Pferde viel weiter, als in einem Jahre durch das Reiten, wobey ohnedem sehr oft geschiehet, daß, wenn das Pferd durch vieles Reiten und Traben gehorsam geworden und einen guten Gang angenommen hat, es zugleich verdorben ist. Da diese Arbeit so gut von Statten gehet, so möchte ich wohl fragen, warum man selbige auf Manegen, wo eine große Anzahl Pferde täglich zu reiten sind, oder auch bey Cavallerieregimentern verabscheuet, wie ich verschiedentlich gehöret habe? Auch die Einwürfe, welche man dawider machet, sind mir bekannt, aber nicht wichtig genug die Arbeit zu verachten. Einige geben dieser Kunst Schuld, daß man die Pferde lahm und spattig arbeite, ihnen die Galle heraus treibe, den Rücken abbreche, die Zungen abreiße u. s. w. Alles dieses kan auch im Reiten, wiewohl nicht so leicht, geschehen. Es kömmt auf zwey Stücke an, wodurch man es verhüten kan, nemlich eine große Geduld und eine gute Beurtheilungskraft des Bereiters. Das Pferd mus wissen, was der Be-

reiter

reiter, wenn er es in denen Pilaren arbeitet, haben will, und hierzu wird oft große Geduld und Gelassenheit, nicht weniger aber auch Kunst erfordert; weil nun diese häufig fehlet, so sitzet ein solcher gleich mit der Peitsche dahinter, und ängstiget das arme Thier, welches nicht weis, was es thun soll, bis es aus Unwillen allerley Dinge anfängt und sich schadet. Ist es gehorsam und führet sich dem Willen des Bereiters gemäß auf; so muß der Bereiter die Kräfte des Pferdes beurtheilen, und nach solchen die Arbeit abmessen. Ist das Pferd gesund und stark, so kan er es ungleich mehr auf die Hanken setzen, als ein schwaches Pferd. Hier fehlet es wiederum gröstentheils, wenn alle Pferde auf einerley Art gearbeitet werden. Dem einen lässet man zwischen den Pilaren so viel Freyheit als dem andern, und der eine wird eben so stark gegen das Mundstück gejaget wie der andere, deswegen das eine Pferd gut bleibt, und das andere verdorben wird. Ist nun diese Art der Arbeit, oder der schlechte Gebrauch davon zu verdammen? Ich habe zum Versuch, um meinen Bereiter und die Scholaren zu überführen, ein Pferd, welches den Spat, und ein anderes, welches die Flusgalle hat, in denen Pilaren Jahr und Tag gearbeitet, und das daraus gemacht, was nach ihren Fehlern daraus hat werden kön-

können; aber es hat ihnen nicht den geringsten Schaden gethan. Solchen Pferden gebe ich nicht die geringste Freyheit, sich zu setzen und ihre Hinterfüße anzustrengen, sondern ich suche sie blos Schulternfrey zu machen, und in die Höhe zu arbeiten. So groß die Anzahl Pferde auch ist, die ich täglich theils selbst reite, theils reiten lasse, so arbeite ich sie durch die Bank in den Pilaren, und es ist mir noch keines verunglücket. Es sind nicht alle Köche, die lange Messer tragen, und noch weniger alle diejenigen Bereiter, welche den Nahmen führen; daher ich mit dem Rath schließen will, daß ein jeder, welcher sich die Kräfte einer guten Beurtheilung nicht zutrauet, oder mit der größesten Geduld begabet ist, von dieser Arbeit abstehe, indem er sonst gewis manches Pferd dem Verderben übergeben möchte: und ich hoffe, daß man meiner Meinung beypflichten wird.